AF193155

Círculo Rojo
EDITORIAL

¿¡Vale la pena sufrir!?

¿¡Vale la pena sufrir!?

G. Piedrafita

Círculo Rojo
EDITORIAL

Primera edición: julio 2025

Depósito legal: AL 5466-2025

ISBN: 979-13-7016-760-8

Impresión y producción: Editorial Círculo Rojo

© Del texto: G.Piedrafita
© Maquetación y diseño: Equipo de Editorial Círculo Rojo

Editorial Círculo Rojo

www.editorialcirculorojo.com

info@editorialcirculorojo.com

Impreso en España - Printed in Spain

¡Cómo te vamos a echar de menos!

Aquellos que conseguimos entender tu esencia como persona, tu verdad, tus valores y tu capacidad de empatizar.

Aquellos que pudimos hacer trueque contigo, de historias, de vivencias, de experiencias enriquecedoras, de secretos y de prudentes sugerencias.

Respeto con clase, respeto de cuna, respeto en el aire que exhalabas.

Transmitías cual erudito sin necesidad de muchas palabras, modesto intelecto de una mente rica y sabia.

Compartí mis penas y encontré consuelo; ante mi ceguera, abriste mis ojos e iluminaste algunos de mis rincones tenebrosos. «Gracias, Guillermo», decías. Gracias las mías, respeto el que yo te entregaba, respeto el que me tenías.

Selectivo en compañías. Elegías con pericia, desabrochabas tu armadura de apariencia dura y fría, compartías tu verdad y el sentir de tu alegría, con aquellos que veías que con respeto caminan, que con respeto pagados se forjan en la fragua de la vida.

Rugen ríos de lágrimas por tu marcha, sé que no querías que fuese así, siempre preferiste las muestras en vida, el festejo tras la pérdida envuelto de historias y risas del recuerdo afortunado sin añoranza, de una mesa repleta de alimentos, alzando una copa de Țuică.

Y qué razón la tuya, pero entiéndenos.

La vida nos dio un regalo divino, a ti, tu sapiencia embalsamada en calma, tu todo sin precisar un exceso de palabras, tu brindar sin a cambio pedir nada, pero ahora, siendo esta traicionera y despechada, nos lo ha arrebatado, te ha arrancado de nuestro sentir y ha dejado un desgarro que, aunque sane, jamás cicatrizará.

Y eso duele, pero mucho.

Como tú querías y, te pido perdón por no haber podido contener mis lágrimas, hemos comido en tu mesa alimentos cocinados con el amor de tu gente, de quienes remaban en tu corazón incandescente.

Los platos coloridos paseaban de un extremo al otro en abundancia por una mesa interminable, los aromas de lo cocinado en los fogones de un festejar sin olvido, el haberte disfrutado y el abrazarte conocido.

A pesar de mi abstinencia, encontré más que un motivo y, ante tus fotos, elevé media docena de veces mi copa de tradicional *pruna* hecha en alambique de cobre furtivo, frente a la mirada comprensiva y enternecedora de mi mujer, de mis hijos.

Por ti, por nuestros recuerdos, por el respeto que nos tuvimos, bebí hasta el último sorbo, como tú hubieras querido compartir.

Agradezco a tu familia cada momento, cada sincera palabra, cada abrazo de fuerza sentida. Abrieron las puertas de tu casa a los míos y a mi persona que mucho de lo vuestro ama, vive y admira, compartieron su *coliva*, el calor que allí se siente, el que se abraza y respira.

El calor de un hogar que construyó tu valor, tu coraje, tu entereza, tu bravura y tu calidad divina.

Tu fiesta, tu deseo concedido, lágrimas de dolor desmedido entre sonrisas, entre vasos que se llenan por ti y cucharas que alimentan un motivo, te has marchado sí, pero no te has ido de nuestras vidas.

¡Cómo te vamos a echar de menos!

En memoria de Marian Popescu, nacido el 21/05/1968 en Brăila, quien nos dejó el 19/04/2025 en Zaragoza.

Prólogo

Tengo la convicción de que la escritura es algo realmente especial cuando te apasiona crear, pero también pienso que algo igual de maravilloso, si no más, es cómo cada uno, enfundado en el traje de lector, la interpreta o la imagina y que no tiene por qué ser de la misma forma ni el mismo sentido con el que se ha plasmado. Las palabras que entran por los ojos, por los oídos o por las yemas de los dedos son interpretadas por cada uno de nosotros de una forma distinta y que mucho tiene que ver con nuestras vivencias, experiencias y verdadero sentir de nuestro corazón.

Hablamos continuamente de una sociedad falta de valores, pero quizá aquellos que luchamos por conservarlos deberíamos compartirlos sin tantos miedos «al qué dirán», sin tabúes, sin recelo, de transmitirlos tal y como los sentimos en cada uno de nuestros pálpitos, como antes hicieron con nosotros aquellos que con toda su humildad deseaban lo mejor para todos nosotros, para ellos el futuro lo que para nosotros es el presente. Pensemos en el presente de los que para nosotros son ahora el futuro.

Compartamos experiencias, historias, cedamos el contenido que podemos definir como sapiencia adquirida. Generemos sabiduría o, al menos, dejemos las herramientas para que aquellos que presenten inquietud puedan utilizar en su propio beneficio y en el de otros. Sembremos conocimiento para que otros recolecten felicidad y bienestar.

Esta historia que me contó mi padre en varias ocasiones le ocurrió a un tío mío siendo un niño muy pequeño y sin ningún tipo de maldad.

Inocencia pura tal y como la traemos cuando nacemos.

Cada día que salía a la calle a jugar después de comer, sus vecinas, sentadas en sillas en la acera en lo que denominaban como «la fresca», con diferentes intereses cada una de ellas, le preguntaban expectantes:

—¿Qué has comido hoy, hijo mío?

Y mi tío contestaba:

—Arroz y pollo.

Al día siguiente lo mismo:

—¿Qué has comido hoy, hijo mío?

Y mi tío contestaba:

—Patatas y conejo.

Y así un día tras otro hasta que sus padres se enteraron por el niño de lo que estaba ocurriendo, que al preguntarle lo contó como algo normal y sin dar importancia desde su inocencia.

Aquellas mujeres solamente pretendían conocer si en su casa había dinero para comer, si tenían necesidad, si gozaban de lujo, si daban al niño lo que necesitaba, en fin, solamente pretendían conocer algo que no era de su incumbencia ni pertenecía a sus vidas, utilizando la inocencia de un pequeño muchacho de corta edad.

A partir de ese día, sus padres, cada vez que se sentaban a la mesa, decían:

—Hoy comemos pato asado de primero y pato guisado de segundo.

Y mi tío, que era muy pequeño, así lo entendía.

Cuando el pequeño salía a la calle y las vecinas preguntaban:

—¿Qué has comido hoy, hijo mío?

Mi tío contestaba:

—Pato asado y pato guisado.

Y de la misma forma los días consecutivos.

Aquellas mujeres, tras casi una semana obteniendo la misma respuesta, jamás volvieron a preguntarle.

Días después:

—¿Hijo, te preguntan las vecinas qué has comido?

—Ya no me preguntan, papá.

—Muy bien, sal a jugar un rato.

La moraleja de aquella historia que ocurrió en realidad, y lo hizo a principios de los años cincuenta, es:

«No es necesario enfadarse y salir a discutir con otras personas porque estas no tengan la calidad suficiente para convivir en armonía, sea por falta de educación, por falta de respeto o por cualquier otra razón.

No hay que ser grosero o perder la educación ante quienes, con más o menos interés oculto, con mayor o menor maldad, se intentan meter en tu vida. No seas tan básico como lo son ellos, no te pongas a su nivel.

Utiliza tu buen hacer, tu inteligencia, tu ausencia de maldad y muestra que tú eres diferente y vives en tu propia verdad, navegas por tu vida y eres dueño de esta.

Que no necesitas saber de los demás para llenar tus días porque tu vida está completa de momentos con los tuyos y no vacía con necesidad de llenarla con las historias ajenas».

Recuerdo también un verano en el que una señora se asomaba todas las noches a mirar desde la ventana más alta de su casa, cuando chicos y chicas pasábamos por su puerta del terrero sito en el casco antiguo de Pedrola, para así luego cotillear por las tiendas y la «fresca» acerca de todos nosotros.

Un día le comenté a mi padre que le iba a decir que dejara de mirar y escuchar y que lo haría con carácter altivo y enojado, a lo que él me contestó:

—No hagas eso, no pierdas tus valores en los que tanto trabajas, tú cada noche que pases mira a su ventana, deséale las buenas noches y continúa con tu vida, en un más que corto tiempo la ventana estará cerrada y jamás volverá a asomarse.

Y yo le dije:

—Papá, es que se merece que le diga algo con mal carácter, se mete en nuestras vidas y cuenta cosas de nosotros.

Y él me insistió:

—Hazme caso, haz lo que te he dicho y después me cuentas, así no serás mal educado, ni podrá decir que le has faltado al respeto.

Y así lo hice, solamente fueron necesarias dos noches seguidas y aquella señora no volvió a asomarse en todo el verano, ni una sola noche cuando pasábamos.

Aquella lección que me dio mi padre jamás podré olvidarla al igual que muchas otras.

No permitas que lo que otros hagan consuma tu energía, presta sonrisas y continúa tu camino si aquellos a quienes se las has mostrado no desean abrazarlas.

A los que hacen desde el interés personal.

Cuando se prioriza el afán recaudatorio, mediante el volumen y el postureo mediático, los números quizá, y solo quizá, empiecen a cuadrar, pero los valores se quedan a la altura del fango, las ilusiones globales son imposibles de atender y las decepciones pasan a ser el pan de cada día.

En ocasiones somos aquellos que cultivamos con pasión nuestro propio caos.

Agradecimientos

A todos aquellos que nos dejaron como herencia conocimiento y valores.

Jueves, 24 de octubre de 2024

Hace cuarenta y ocho años que nos prometimos amarnos, sernos fieles y respetarnos en lo bueno, en lo malo y en cada segundo que íbamos a compartir juntos.

Hoy celebramos las bodas de Feldespato, la vida y yo.

Como diría Joaquín Sabina en su canción «A mis cuarenta y diez», publicada el 6 de septiembre de 1999 en el disco *19 días y 500 noches*, adaptada la primera estrofa a mi edad, «A mis treinta y dieciocho, cuarenta y siete dicen que aparento, más antes que después he de enfrentarme al momento, de empezar a pensar en recogerme y sentar la cabeza, de resignarme a dictar testamento (perdón por la tristeza)».

Pero yo digo desde el respeto y mi máxima admiración, «a mi manera maestro».

Ni me escondo ni me tapo, no me pidan fuerce un llanto si a mi corazón la vida lo cicatrizó de espanto.

A mostrar mi dolor con lágrimas no temo, será en el instante en el que decido quererlo, no cuando la maldad espera premeditado momento.

Seguiré con mis manías, mis placeres, mis escritos de delicado tacto, los pecados y mis versos recogeré en pedanía, en la que hallarán mis huesos, donde finarán mis días.

Mientras tanto, si me besan en la boca, saborearé el encanto, si me abrazan con ternura, en mi corazón lo guardo.

Si en mi cama custodian muda, será deseo de arder de vez en cuando, si mis sábanas resudan, compartimos saetazos entre jadeos prestados.

Mis inmorales escritos, tatuados con mi aliento sin quebranto, sobre los pergaminos de piel que brindan a mis antojos y que por nada suplanto.

Las caricias arancel, por cruzar la aduana de los encantos, sedientos los poros de arder, hinchados de alergia por los desenamorados llantos.

Si no escucho el latir, no se asustará mi apetito desmesurado, mi deseo es el de hervir, de amores ya he sido colmado.

Si el aroma me hace cautivo, recluso de un deseo desenfrenado, prestaré como traje mi piel, para que la lujuria cune al pecado.

Entretanto, viviré los sueños encarcelados y cuando indique don Lucifer, me retiraré a su lado.

En el cielo me dirán, «tus vivencias te penaron, no hay lugar para tu hacer, ni perdón a tus pecados»,

«No hay molde para tu ser, ni encajas en lo marcado. El refugio te es negado». Entonces me alegraré, de no haber sido, su ganado.

En el cielo las estrellas son motivo de belleza, se utilizan como cebo entre rezos y creencias. Solo estrellas, adoctrinada eternidad, efímera.

No pretenderé afincarme a sus pies, ni habitar esa morada, no hay querubines en el cielo del bien, ni existe ser sin pecado en el alma.

Entre bromas y alardeos con el ángel desertor de cuernos profanos, rememoraré las historias de mí hasta el momento, presumir callado.

No hice mal, aunque pequé, a los ojos de los que se purificaron como santos. Simplemente disfruté, de la pasión y el encanto.

No es bueno quien menta el bien o quien predica sin pausa y descanso, sino quien obra de modo fiel y siente vivir de corazón albo.

Ya sin miedo por perder, la oportunidad de ampliar mis pecados, lo vivido me llevaré al averno mi nuevo edén, cual satisfecho renegado.

Agradecido por vuestros besos, por los abrazos y los pecados, hicieron de mí ese ser, que se sintió en vida, colmado.

¿¡Vale la pena sufrir!?

A quien amar

Qué hermosos son sus labios,
sus latidos y el bisbiseo melodioso de sus amaneceres.
La calma de su atardecer enturbia los pensamientos perniciosos,
la intimidad de sus abrazos te aleja de lo nocivo.
No podrás prender su mano, pero sentirás sus cálidos mimos,
tu soledad su compañía, tus versos le suenan divinos.

Desérticos aparentan por falta de besos,
se humedecen con el querer pernoctar apretados,
mientras los ojos cerrados como faros apagados,
pretenden que en sus rocas estrelles tu barco,
para ser de sus carnales deseos abrasados,
como casual planeado, su náufrago cautivado.

Harapos resquebrajados son tu traje de gala,
te maquillas con las frases desmembradas,
de los versos que tus sueños sembraron por nada,
vanidad ostentaba, el destino que tus labios añoraban,
pretendías abrazar un sol, mientras este te abrasaba,
cuando una hermosa flor, con pena y deseo te amaba.

Te perdiste buscando su morada sin percibir ni un abrazo,
timonel en tiempos breves husmeando en mil poblados,
las olas golpeaban tu entusiasmo, el reloj se hacía pesado,
con el sonido de un segundero que te repetía, fracasado,
el viento desgarró las velas y ralentizó el estar acertado,
mirabas la soga que de ellas cuelga, llorando desilusionado.

La gélida lobreguez en una noche de ilusión árida,
el sonido de las aguas estrelladas no escondía,
como invisibles u ocultas sirenas te avisaban, te decían,
que estaban allí para ti, pero tú no las veías,
no eran lo que buscabas, sino lo que necesitaba tu vida.
Un estruendo ensordecedor te vomitó hasta su arena fría.

Tomabas consciencia tras horas de un estar desconectado,
cegadora luz del sol no permitía ver donde la noche te había
dejado,
un pitido insoportable parecía la cordura te había usurpado,
tu boca llena de arena sobre la que tu cuerpo se hallaba tumbado.
Fuerte dolor en tu piel, de color quemado había cambiado.
No sabías dónde es, el lugar en el que el destino te había raptado.

Poco a poco el insoportable zumbar dejó paso a un dulce susurrar,
los cantos de mil sirenas cautivas en un paraíso hacían tus oídos
deleitar,
tus ojos dieron la espalda al sol y la claridad una silueta delicada
se comenzó a mostrar.
Brisa fresca alivia las quemazones que te propinaron las horas de
nulidad,
no es el soplido de una princesa, ni la melodía de su entonar.
Idílica isla desierta, que te brinda sus dulzuras, por si la quieres
amar.

Hubo hombres que la amaron, por su hermosura y su soledad,
la mimaron y entregaron, su tiempo completo de amar.
Encontrarás en sus curvas, donde poder resguardar,
tus miedos, tus noches confusas, tu estado de tranquilidad.
Otros te hicieron la cama, donde vas con ella a pecar,
sus huesos dejan reseña, como amante de tiempos atrás.

Ella te vio surcar las aguas perdido,
buscando un amor que te había sin querer herido,
entonces, apagó las luces de sus faros, palmeras sin hilos,
para hacerte entender que te habías perdido,
no amabas bien a quien más merecía sentirse querido.
Ahora te has encontrado y por siempre, permanecerás a su lado.

La permuta del poeta

Encontré la belleza de mis palabras,
en el latir de tus abrazos.
Advertí en los pergaminos de tus ojos,
el sentimiento de versos locos.

Hallé el rimar de mis poemas,
embelesado en tus labios carnosos.
La vivencia escrita de culminar,
en la presión de tus pechos sobre mi torso.

Tu corazón me sabe a poco,
porque tu cuerpo ardoroso,
dominó sin tregua mi decidir,
cual implacable coloso.

Tu latir escuchar deseo un poco,
pero el crepitar de tu arder impetuoso,
me convirtió en adicto a tu cuerpo,
y a mi deseo de amar, dejó sordo.

Ya más no escribo,
chiflado que se perdió en tus sábanas,
y ni busca la salida, ni la cordura,
siervo maníaco de tus antojos.

Abrazo platónico

En la mitad de mis días, si no más, siento el corazón estrangulado por la ansiedad, por las malas experiencias egoístas dignas de ser censurables, por las de la sociedad sin valores y, en muchos momentos, los ojos enrasados junto a un obstáculo en la garganta al que denomino *tristeza*.

Quizá mi corazón habla de amor, pero mi cabeza lo ahoga en un charco de lágrimas de desorientación emocional. Lo confunde como si encerrado en un hueco de negro visceral que se asemeja a la nada, se encontrase solo y en absoluto silencio.

Por eso, cuando veo sus ojos o su sonrisa, me dan ganas de estrechar entre mis brazos su cuerpo y sin soltar, romper a llorar en un suspiro de, «*lo deseaba, pero más aún necesitaba transmitir mis latidos con un "piel con piel", lágrimas sobre mejilla*». No me preguntéis el porqué, quizá, porque siempre lo deseé y nunca tuve valor.

No es obsesión, lo prometo. Es un susurro en el que, desde mis latidos, jamás dejó de resonar su nombre, un sueño en el que aún despierto vislumbro la hermosura de tu rostro, un aroma en el que, sobre todos los vientos, cabalga como aura que amarra las riendas con suavidad y calma.

Un beso extraviado que, por los cielos de un universo de armonía y desencuentros, es más ansiado que el arder de un millón de desnudos cuerpos.

No preguntéis el porqué, ni tan siquiera yo lo entiendo.

Si tus lágrimas aflojan

Te escribo por aportar, aunque sea un mínimo de motivo que promueva el que esa preciosa sonrisa asome al balcón de los buenos días y que, al inhibir tu mirar en el pacto con el descanso nocturno, no haya cesado de lucir tu enérgica hermosura.

Mi sentir es sencillo y sin enturbiadas notas que no permitan que la melodía de tu ser aclame a los ángeles.

La experiencia de mi padecer solamente murmura tras tu oído el deseo que mi pálpito engendró para que en calma cune con mimo, mientras el capricho de tus sueños sea de apasionado apetito, puedas saborear las fantasías con la sutileza del danzar de los árboles, cuando los vientos calmados acarician sus hojas como si se tratase de un acto de amor.

La respuesta de los desagradecidos

Se pensaban que el hombre de bondad iba a seguir alimentando su avaricia sin tiempo de caducidad.

Simplemente se hacía el tonto porque había adquirido un compromiso e iba a cumplir con ello, pretendía alcanzar los retos propuestos, mientras malversaban su buen hacer con egoísmo y dibujadas traidoras falsas sonrisas.

No aportaban nada, pero se vendían como sacrificados y entregados, se creían con derecho a recibirlo todo y a hacer con ello, con lo logrado con sudor ajeno, a su antojo.

Echó el cerrojo y entonces el buen señor pasó a ser el huraño y egoísta mal hombre.

Si la tierra fuese humana

Caminaremos con la cabeza alta y el corazón de calmo sentir, porque pretendimos cultivar como mejor pudimos y algo de buena cosecha creo que conseguimos, a pesar de que la aridez de la tierra, la voracidad de las plagas y los azotes de férreas tempestades han destruido gran parte de esta.

No fuimos errados labriegos, regamos con nuestro sudor y nuestras lágrimas, abonamos con nuestra propia sangre y labramos con nuestras encallecidas manos, más atinar fue complejo.

La plaga es el ser humano, la aridez la de su corazón, las tempestades de envidia y descaro no mermarán la pasión del honesto agricultor.

Efímera si comparamos

La eternidad puede sonar a susurro,
si debatimos acerca del sabor de tus besos.

Decisiones, consecuencias

Recogeré tus lágrimas con el pañuelo de la bondad,
aun habiendo sido quien ocupaba el margen vacío de tu diario
de vivencias,
mas no te diré —fue mi aviso—,
pues uno se queda con quien lo colma de abrazos,
sean sinceros o interesados.

Formadores sin formación

La belleza del vidrio, su brillo y transparencia, claman la admiración de aquellos que comprenden lo que argumenta el sonido de su vibrar, mientras oscilan sus paredes con hermosura, deleita.

Ten cuidado si dejas en manos de un negado algo que has construido con cariño, valores y entrega. Algo que tenga un significado especial para ti.

Trozar es su única habilidad.

La esencia de Bohemia no está al alcance de los brutos carentes de tacto, de oído, de gusto u olfato.

Oyen sin escuchar, miran sin ver, desconocen la sensibilidad al acariciar, dulce es siempre su crear y huelen fimo en los demás.

Su imprudencia congénita vaga de la mano de su propia inmodestia.

No prestes tu Bohemia.

Es tu arte creado de una exclusividad no apto para mastuerzos.

El colegial

Llenaba los márgenes de las páginas de sus libros,
de corazones dibujados con tiempo robado a sus horas de estudio.

Ladrones y furtivos eran sus deseos,
sus prohibidos sueños.
Jugaban a enamorar sus escritos,
por temor a verlos dichos.
Bandoleros sus latidos.
Preso de su belleza,
de su sonrisa cautivo.
De su mirada hipnotizado,
seducido por la fuerza de sus latidos.
Hechizado por sus labios,
magnetizado el sentido.
Encarcelados se encontraban sus mimos.
Volaban libres,
sus deseos íntimos.
La prendió de la mano y le brindó su cariño.
Dulces palabras,
versos escritos.

Llena los márgenes de las páginas de sus libros,
de poemas doloridos y dibuja corazones partidos.

El espectro de un vivo

Ahorcada se balancea mi alma en una trenzada soga de esparto, cáñamo y pena. No querías que muriese en vida, pero desde que tú te fuiste, ni siquiera el dolor me hace ungir la pluma en el pequeño pozo de tinta.

Sentado junto a ella, en una banqueta de baja estatura y madera de olivo viejo, carcomida por la lobreguez de un tiempo dolido, me inhibe la luz la sombra de mi sentir colgado, la que me muestra de muerte herido.

Mis pulmones entonan melodías fúnebres como instrumentos abocados al olvido, se llenan de un vacío sombrío que sin lástima por los delirios y sin pena por lo arrepentido, no suben al rellano del olvido.

Momentos negros, como la garganta por donde el humo de un hogar de piedra triste, busca la libertad para más tarde extinguirse y no será de fumar, sino de asfixiar las alegrías con delirio.

Se balancea la cuerda donde mis penas a peso de plomo cuelgan, donde murieron mis besos, donde sin aire enmudecieron mis versos, donde la historia de un trovador vivo se entierra sin un solo grito.

Ni los besos apasionados, ni los sueños de erotismo, ni la promiscuidad tras dos botellas de vino. Ni las sábanas mojadas por un pernoctar lascivo, hacen correr a la pluma con la que escribo.

Te raptó, de cabeza cubierta con túnica gris y una guadaña en la mano, una tenebrosa sombra fría, ser inerte que sin caminar avanza, con el alma muerta te arrebató de mi lado.

La hiel comenzó a hervir por mis venas, el tintero se secó y mi inspiración se marchó junto a ti. Entonces, mi alma cobarde y pusilánime, se ahorcó por miedo a no poder soportar tu adiós sin prescripción.

Te fuiste y sin darme cuenta, de tu mano me marché asido.

Amor perdido

Si pudieras atravesar las nubes con tus brazos y aferrarte a sus manos, ya nunca jamás las soltarías.
Si cierras los ojos, sabrás de quién hablo.

Navegar entre letras

Leer despacio, sentir cual filántropo lo intenso de su albo.
Pensar cuáles son los mares que sus sueños surcan sin barco.
Navegas por sus letras, descubres en sus olas reposo y descanso.
Él solamente redactó, tú leyendo das sentido a sus escritos.

Sin hablar

Amar es mucho más que estar diciendo te quiero o esperando te susurren te desean y que siempre estarán a tu lado.

Existen muchas formas de hacerlo, de demostrarlo.

Hallar ese vínculo con el que no necesitas ni tan siquiera compartir argumentos para transmitir lo que piensas, sin que la otra persona sienta la necesidad de interpretar. Pienso es haber alcanzado la profundidad y el sentido de su significado.

Entender cuando se necesita un beso, expresar sin mentar cuáles son los sueños, acercar el palpitar hasta sentir un único latido, una acompasada, cálida y calmada melodía.

Cuando el calor quema con la idéntica intensidad a ambas partes, incluso sin tan siquiera rozarse y su presencia es inevitable necesidad, premisa para poder seguir respirando, el oxígeno de un alentar de cuerpos forjados, con el calor de una construida con el polvo de las estrellas, fragua.

Cuando la libertad por desear no merma la verdad del sentir, de amar.

Cuando en un sincero y calmado abrazo, se avista la química que calma el dolor y los males, aquellos que ni las medicinas más ancestrales, ni las drogas más modernas, consiguieron amansar.

Es cuidar uno del otro con una lumbre de ignición imperecedera.

Más allá de los tiempos, se perderán los entrelazados encontrados, cual uno solo. Más allá, inmortales vagarán sempiternos, de la mano.

Te perdí, terminé

No acabó con mi existir,
pero lo que ocurrió aquel día,
se llevó algo que no me permite volver a latir, a sentir,
como hasta entonces lo hacía.

La mujer o el puerto

El camino hacia el paraíso,
se encuentra en la adrenalina que invade mi cuerpo,
cada vez que sueño conducir por esas,
tus curvas.

Paz

Más vale solo,
que «rataacompañado».
Hay quienes, sin habérselo pedido, corren a dar explicaciones,
justificaciones.
Esos son quienes se piensan descubiertos y entran en pánico.
Otros callan e intentan dejar mudos a quienes tienen a su alrede-
dor, por miedo a mostrar su verdadero hacer.
Esos son los que pintan cual escaparate su sonrisa hacia el pú-
blico, pero dejan ver su verdad a través de sus ojos, de su rabia
encerrada.
Si ya lo intentaste muchas veces y, aun así, persisten en su ocultismo e infausto ser contagioso, asiente y deja que vivan sus días
sin tus abrazos.

La nueva sociedad

Sé, me odiarán por su error.

Muchos de los individuos de esta nueva sociedad viven en un bucle del que no quieren o no son capaces de salir, repitiendo una y otra vez, todos y cada uno de los errores que un día sí y otro también cometen, sin aplicar energía a evitarlos, detectarlos o solventarlos, imposibilitando así la forma de mejorarse como personas humanas necesitadas de empatizar, de crecer.

Actos que consumen la energía de todos aquellos que continuamente luchan por ir abriendo puertas por donde salir de ese rizo sin inicio ni final, esos que construyen cuerdas y escaleras para no ser arrastrados por su inercia, esos que, agotada toda la energía, sienten cómo son tragados hacia el abismo donde los irreflexivos rebosan de felicidad.

Entonces, ¿quién obra más acertadamente, quien pretende lo correcto para todos o quien obra por curvar únicamente sus labios?

Todos morirán y solamente los que obran con preocupación habrán vivido en un constante y rara vez interrumpido sufrimiento por lo ajeno, sin la posibilidad de sonreír en bucle.

Solamente ella

Floreció una vez más, como cada año.

El color de sus pétalos se iba incrementando con el paso de las décadas, el aroma que desprendía cada vez era más cautivador, la dulzura de sus labios, un ansiado paseo por el paraíso donde, como diosa, cada vez más se postulaba en liderazgo del Olimpo de los eternos deseados.

Su tiempo pasaba, pero su reloj de arena no vertía grano alguno en el flanco de lo consumido.

Eterna será su belleza, efímeros aquellos que la desean.

Perpetúen sus besos en los sueños de quienes ansían atesorar con sus fugaces días, de férvidas caricias su infinitud.

Porque el tiempo no apagará su luz, mientras las estrellas sean reflejo de un deseo incombustible desde los ojos de los finitos enamorados.

Eterna ella, infinito suena el latir de su corazón, el cual hace eco en aquellos poemas que mecen sempiterno su existir.

Apetito

El aliento de tus besos,
es la calma que murmura mi acalorado cuerpo,
al despertar de mis febriles y confundidos sueños,
cada vez que siento voy a alcanzar con mi boca,
en tus labios placeres eternos.

Glacial en llamas

Bajo la hermosa y heladora manta blanca con la que enero nos cubre, ardo en llamas por sentir tu piel fundida con mi desnudo cuerpo.

Mientras, me pregunto qué se siente al caminar bajo los copos de un frío invierno, de un gélido e incesable viento.

Entretanto, intento recordar qué experimenta la piel fuera del volcán que es tu cuerpo, ese en el que hierve mi sudor a causa de tu incombustible fuego.

Bajo la nieve, me abrigo en la flama del hogar que desprende tu cuerpo.

Tú, mi géiser

Cerré los ojos y abrí los labios, cesó mi enojo al sentir su respirar asaltar la frontera afincada en mi boca, tras la que guarda apresada y medio dormida la inquietante y deseosa por desadormecer, lascivia.

Rompe barrotes y lanza el vuelo, con el aletear de su antojo y el sentir de un palpitar libertado, desbocado deseo que decapita cualquier veto, tabúes impuestos y ansía arder en su fuego.

De sus labios recibí un beso y con un beso le pagaron mis labios.

Si besarla fue deseo de mi boca, su boca inquieta suscita besar la mía. Convertido en hecho, escamas de magma se forman sobre mi cuerpo.

Al elevar las persianas que portan livianas pestañas mientras descubren mis ojos, descubrí que lo que había sentido caminaba en la lejanía de lo que significa soñar.

Ardía mi alma y abrasaban las yemas de mis dedos por la calidez de su deseo, entre tanto, la que se pensó libertada había perdido sus temporales alas para quedar nuevamente enjaulada.

Mi lujuria cautiva en su cuerpo, adicta de su capricho y alienada por su deseo.

Desvelo

Tras la cortina, curioso sin temores recoge el sinsentido de paseos nocturnos de los extraviados que deambulan.

Solamente espera encontrar una furtiva sonrisa entre cientos de horas de confundidos desencuentros de la verdad y de lo incierto.

Apenado por aquellos que caminan vivos, pero sienten estar muertos, cada noche sin renuncia vela como guardián de las causas perdidas.

Al amanecer su sombra desaparece como empujada por los primeros rayos de sol, en el suelo yace la pena que vomitaron sus ojos durante la espera nocturna. Desde el balcón, en la calle se otea el vacío de los ausentes.

De nuevo anochece, la silueta aparece, espía entre rezos mudos y plegarias silenciosas por aquellos que vagan. Gotea su sentimiento al volver a ver a quienes vacíos, son el reflejo del que de voluntad propia se marchó, alejado de justificar motivo por no dañar más, se sumergió en el olvido.

Sus rezos al cielo son plegaria por ayudar a quienes confundidos andan extraviados, por encontrar las respuestas de un adiós sin mensaje de texto, sin justificar los hechos.

Su insomnio es un morir despacio de un desear sufrir sin culpa, sin contarlo.

Aferrado a los besos, brinda tiempo extra a la agonía consentida. Se fustiga con el látigo de las saetas de la intranquilidad.

Regalo o martirio, tiempo en declive, hueco inerte de finada herencia por precepto.

Autolealtad

Vive el lamento mientras expira por sus adentros, a paso lento.

—Lo que faltaba, ratas en el trastero de mi buen hacer—, pensó el corazón para sus adentros, al sentir cómo su herida volvía a sangrar.

—¿Y qué esperabas, si vives en la jungla de la gelidez interesada, donde los traidores te abrazan y los interesados cocinan su falsedad con sabores que te agradan?— le dijo la conciencia.

—Respeto esperaba, solamente respeto—, respondió esta vez como si el viento bisbisease portando su voz.

—Suerte, amigo, cuando sientas el dolor por arrebatarte hasta el último latido—, le brindó deseo disfrazado de aviso.

—Prefiero morir siendo fiel a mi sentir, que vivir bajo los apetitos de los portadores de peste emocional, egoísmo y maldad—, gritó con fuerza mientras la sangre trasladaba el mensaje y los nervios gestionaban la información del convencimiento. —Seguiré bebiendo de la copa de la benignidad, esa que me hace libre. Entre tanto, ellos con sus desleales compartidas risas, roen los huesos de los que anduvieron como interesados compañeros de alcantarilla y fueron presa de su egoísmo desmedido y falto de empatía, mientras el tiempo, también a ellos les depara un símil escenario para el final de su representación de tan perniciosa obra—.

El silencio lo dijo todo y calló por un instante a la conciencia.

—Cógeme de la mano, amigo, juntos afrontaremos las penurias. Tus latidos serán la razón de seguir y mis reflexiones, nuestro seguro de vida. Prendo tu mano y juntos luchamos—.

«En honor a todos aquellos que cada día cuando van a dormir, tienen que realizar un corte en su alma para succionar el veneno de las víboras que repetidamente, a traición les atacan».

Finar en tálamo

¿Qué será lo que tiene tu lecho,
que solamente de pensar en sentirme por él cobijado,
aparece la utopía que amordaza mis deseos y,
por momentos abandono la distopía,
en la que navegan mis más amargos sueños,
donde a pesar de tu etérea belleza,
te percibo como hija de Tifón,
mientras en la búsqueda de tus besos,
perezco?

¿Habrá mañana?

Dejémonos de argumentos baladíes,
qué más da, si quizá mañana,
hayamos consumido el tiempo que nos hubiese brindado,
debatir tan nimios razonamientos.
Si me permites un beso,
dejamos aparcados los desencuentros.

El precipicio

—Dime entonces, dónde te gustaría estar en este preciso instante.
—Mejor no te lo cuento, no vaya a ser que muramos pecando.

Esencia pura

Sé que el firmamento extravió
una de sus más hermosas estrellas,
el sol la busca, pero,
cuando se enfrenta a la luz de sus ojos,
cegado por su verdad
en retirada se esconde tras la luna.
Suerte la nuestra que,
cuando nos mira la sentimos,
la podemos amar, abrazar y deleitarnos,
con el susurro melodioso de su razón.
El universo por su torpeza perdió,
lo que la vida alumbra nuestros corazones,
con la belleza de sus latidos.

Lo llamaban Popi

Besó con premura,
sus débiles intentos de aferrarse a la vida.
El adiós,
era traducido en lágrimas que
por algunas mejillas desesperaban.
Intermitente su respirar,
es el de quien no se va,
es el que más fuerte clama.
Despide con silencio y mirar de satisfacción,
tumbado sin estar apesadumbrado,
lo que vivió fue derecho,
lo que abrazó fue de sincero amar.
Su calma es la ausencia de miedo,
suspira despreocupación,
sus fieles rodean su lecho,
leal y gloriosa escolta,
dichoso su pudoroso adiós.
Mostramos los que no partimos,
debilidad ante la crueldad de la separación,
mientras quien se marcha nos brinda,
tranquilidad para nuestro corazón.
Quizá llegado el momento,
te irás sin ostentar adorar a ningún dios,
entiendes que lo vivido es fasto motivo,
digno de celebración.

Que ni tan siquiera nacido,
ya venías con el adiós,
la oportunidad son tus latidos,
sentirlos fuerte,
con garra y pasión.
Sed felices, hijos míos,
no deis tregua a la rendición.
el dolor hace fornido,
al más falto de valor.
Para los que están en el nicho,
recuerdo con ferviente calor,
si en vida les diste cariño,
acertado tu mimo,
porque ya no podrán alzar la voz.
Te llorará el desconsuelo,
eres tú quien dice adiós
y calmarás con anhelo
sus lágrimas de desesperación.
Con orgullo por tenerlo,
tiempo de compartir y sentir amor,
por la vida, por los sueños,
por la tierra y la pasión.
No viniste a quedarte,
felicidad es razón,
quien no te ama se marche,
en tu lado cobija calor.
Que tu último suspiro
deje en sus corazones tatuado
un adiós con satisfacción.
Viniste página en blanco,
te marchas lleno de amor.

Luchador cauteloso

Serás igual de grande
que tu dedicación y capacidad de lucha
por alcanzar tus sueños,
sin descuidar tus motivos por atender
lo pernicioso y arrogante
del animal humano.

Suspiro y vivo

Que el sol continúe derritiéndose
al sentir tu presencia mientras
la celosa luna muestra su llanto
de envidia al perder el calor
de entre sus sábanas.

Luce con más fuerza
el cuerpo celeste enamorado
de unos labios que secuestran
de las garras de las diosas
a los más fornidos encandilados.

El Olimpo perdió a sus guardianes,
tu deidad camina ignorante de su poder,
por la tierra de mortales
profanos del verdadero amor.

Libres se piensan andan
los desertores de la morada
donde Afrodita vierte sus lágrimas desconsolada,
mas, encadenados al deseo
de un pernoctar a tu lado,
son capaces de renunciar a la eternidad
con la que les bendijeron en su reino.

Escucharon tu latir y
abandonaron el cielo.
Libre tu alma, cruel la razón,
sueñas descansar en las estrellas,
entretanto la pradera es melodía
envuelta con desazón.

Tu mente traicionera desvela
las horas del inicio de desconexión,
será malvada y ramera,
a la comezón,
tu descanso vendió.

Curto te hamaca el reposo,
alertado en interrupción,
no das tregua al reloj que
atento junto a tu almohada,
nunca llega a gritar para ver
cómo tu soñar se quebranta.

Infiel a tu palpitación,
con vileza sin previo aviso,
levanta arrastrando tus párpados
con las entrelazadas sogas del esparto
cultivado en la aridez de lo inhumano,
regado con desencanto y
abonado con ausencia de empatía de la que es
nuestra nueva filosofía de vida.

Dormirás,
el reloj da relevo al calendario
y este arroja lentamente
el subsistir caduco hacia un final,
a nacer condicionado.
Mientras tanto,
si tu mente se columpia en la zozobra,
no te muestres enteco y derrotado.
Escribe tu soñar despierto,
tu descanso está en un latir
controlado y armonioso,
en un respirar de párpados caídos
y sogas quebrantadas.

Las palabras de tu interior
moldean en la fragua de la sensatez
la llave que,
sin necesidad de martillar como forja,
es quien abre tu descansar
tras la tapa de un libro abierto.

Entretanto este
es instrumento de melodía deseada,
el deslizar de sus páginas suena
cual silbar que provoca el viento
entre la arboleda de la montaña,
cada letra es una nota,
cada palabra una estrofa.

En sus páginas hay coplas,
suena folclore y se escuchan coplas.

No se encuentran los acordes
ni las cuerdas de guitarras españolas,
no ves las teclas del piano danzar
con la tuba o con la tromba.

No divisas porque sientes
que tu pluma y tu verdad
escribían armonía
y noches de malestar.

No duermes,
pero encontraste otra forma de descansar,
estando vivo.

Reloj

El tiempo yo
lo mido en pulsos,
cuantos más latidos consigo encajar en cada momento,
más aprovechado siento vivirlo.

Las Divas

Si cerráis los ojos cogidos de las manos,
guardad silencio,
el latido que sacude con dulzura vuestro pecho.

¡No!

No es vuestro corazón,
es el palpitar unísono de una madre y de una hija que,
con amor le dicen al cielo,
son diosas que abandonaron tu reino.

Libre

Tu libertad es la envidia de todas las estrellas,
que dependen del sol para brillar,
tu energía es tan real,
tan auténtica y tan natural,
que el mismo sol tiene que desviar la mirada si te cruzas ante él,
por verse cegado.

Sazón

Somos almas encerradas en cuerpos que llegan con dos propósitos, latir durante un tiempo determinado y marcharse.
El viaje de vivir es el que cuenta y si lo hacemos desde la felicidad,
alcanzaremos la libertad con fortuna.
El resto son pros y contras que van de la mano de la existencia,
nos hacemos fuertes si hay adversidades,
si no las hay, no maduramos lo suficiente.
Los días y los latidos
nos preparan a lo largo de la vida para serlo.

Sin segundero

Hay un reloj que no es de arena,
que no mide el tiempo con pena,
que no muestra horas ni fechas,
seduce y, tu atención embelesa,
no infunde temor cual presa,
ni con sus pulsos te lesa.

Sus saetas construidas de momentos
se desplazan al compás de tu exhalar,
tu deseo ajusta sus instrumentos,
tu sonrisa el balanceo de su engranar,
tu sollozo la precisión sin lamento
de un tiempo sin descontar.

Hay un reloj que brinda latidos,
que mide el tiempo con experiencias,
completa días con lo vivido,
llena las horas con alegrías,
quiebra barrotes si te apresan,
libre te hace, vuela y expresa.

El cuidadoso y el desagradecido

Si alguien ve que precisas una sonrisa y te regala un globo, para llenar tus días de alegría, cuídalo con cariño y agárralo con respeto o te lo arrebatará el viento.

Aunque, si eso ocurriese no desesperes.
Quizá alguien decida que eres merecedor de otro nuevo globo.

He dicho, quizá.

Sé, ve, hazlo

Si todo tu cuerpo está en llamas,
deberías apagarlo
con el contenido de tus sueños.

Lejos de ti

El tiempo debe de ser ocupado con satisfacción, así que
busca y céntrate en aquello que la produzca.
El veneno no está en tu transparencia,
en tu generosidad o en forma de abrazar,
sino en sus intenciones.

Deja que el escorpión se pique a sí mismo cuando se vea acorra-
lado,
que la víbora confunda su cola con tu brazo,
que la tarántula hinque sus pelos espinosos en su propio regazo.

Su veneno, su propio destino.

Perpetuidad

De un zarandear unísono,
vaguen vuestro tiempo, palpitar y deseo.

Los momentos corran sin percibirse extraviados,
por estar anclados de vuestros entrelazados dedos,
en vuestros enredados besos.

La luz viajará veloz hacia su final, en cambio,
vuestro amor de avanzar cauteloso,
ostentará ser el eco de un eterno deseo.

Ilusión

Vi el relucir de tus ojos enrasados de llanto,
ocultarse tras las dunas del deseo
que formabas con los vientos de tus sueños.

Entre tristeza y anhelo,
intento adentrarme en tu árido desierto,
para regar con mis besos lirios de mar,
que no de un día, se hagan eternos.

Sueñas lo que rumian mis disfrazados pretextos,
juzgas con entendimiento las fantasías
que ocuparon de consentimiento tu cuerpo.

Tus besos, mis labios.
Fantasía de negado cuento.

Tú, tu camino

Somos el pasaje que utilizan nuestros sueños,
para afianzarse a la realidad,
sin necesidad de hacer descarrilar el vagón que los cuna,
de naufragar sobre la isla de los gritos sin eco,
de precipitarse desde el cielo envueltos en un solo miedo.

Exhibimos el reflejo de ajeno sueño,
el que protagonizaron fundidos entre murmurantes besos,
dos fervientes deseos.

Nimiedad

Somos como un indefenso insecto,
frente al parabrisas de la existencia
desplazándose a doscientos cincuenta kilómetros por hora.

Indestructible, de momento

Tras sentir la tosquedad del suelo en una de sus rodillas,
esbozó una sutil sonrisa tapadera de una fuente de energía des-
bocada,
sin levantar la cabeza elevó su decidida mirada y,
con ella envuelta en llamas,
retó a quien pretendió hacerlo caer,
puños apretados y firmeza en su sentir,
no se vence a un guerrero con el deseo.

Laureado y erguido presenta con sutileza
el poder de su victoria.

La deidad es cuestión de fe,
la proeza de héroes.

La paciencia de un mortal

Pensaron que era un latido
lo que arrojaba su pecho.

El rugido de un titán
enmudeció el Olimpo y el cielo.

Ahora bajo sus pies,
temeroso y en silencio pasa los días el averno.

Almas pútridas

Puse cebos que mordieron una y otra vez.
La petulancia su error.
Vileza rebozada con pedantería.
Incrementé mi alerta y desencarcelé mi opinión.

El resto lo habían estado haciendo ellos,
durante varios años a espaldas de todos
e ignorantes de mi conocimiento,
limitándome a observar.

Déjalos hacer y mantente receloso, despierto.
Se muestren solos.
El tiempo y la soberbia descubrirán su hacer.

Autocreída supremacía, desatinada y necia.

Afrodita celosa de ti

Eras hermosa.

En tu puericia ya apuntabas hacia la exclusividad.

Pero siento decirte que se quedaron cortas la intención y las formas, porque ahora tus labios crean noches de insomnio en aquellos que alguna vez hemos ansiado sentir ser besados por ellos y tu mirada detiene el latir de los vivos y, sin acercarnos al óbito, muestra pasivo nuestro cuerpo como esculturas de mármol por fuera, ya que por dentro la combustión que provocas es un infinito e inalcanzable deseo.

Se enojan las diosas de las más de cuatro mil religiones, celosas conspiran tras las cortinas de la vergüenza. Los conjuros las despojan de su pureza, de su deidad sin poder ni siquiera generarte un rasguño.

No te culpen, fue natural tu hermosura, tu inigualable salacidad.

Deseo

Ojalá encuentres en mis palabras,
aunque sea una pizca de ese sentimiento
que te haga sonreír.
Que, si por leer brota alguna lágrima,
sea bálsamo de tu bienestar.

Ojalá encuentres aquello que
provoca la luz que ahoga
la lobreguez en un lago de esperanza,
brillo que inhiba la niebla grisácea
de los palpitares de desolación.

Ojalá
se puedan escuchar los cantos de alegría que,
desde el interior de tu pecho desbocado,
como estrellas fugaces
salgan dirección al universo,
para poder todos admirarlos.

En calma

La tranquilidad se encuentra acomodada entre esos instantes en los que eres capaz de escuchar cada latir de tu pecho entre el bullicio descontrolado, que desorienta un universo ausente de paz, ignorante de sinceridad y perdido entre avaros encuentros de soñares vendidos.

Añeja ventura

Envidia la que tiene el vino,
de los aromas que tus encantos
brindan al paladar
de aquellos afortunados
que probaron tus labios.

Del paso de tus años
quedan posos en las copas
de quienes brindaron por celebrarlos.

Otro año que la botella
de un tinto añejo y catado
mira con recelo la sonrisa veterana
que aparece tras el brillo de los ojos de una joven
y hermosa de alma, dama.

Ruindad

El acto reflejo de los interesados y desagradecidos
es hacerte quedar mal cuando cesas de regalar tu esfuerzo
o lo generado con este.

No te fustigues,
su ego está alejado de tu buen hacer
y de tu verdadero sentir.

La necedad no te contagie

Se excarcelan comentarios no merecedores de interés ya que provienen del sonido que generan dos neuronas al colisionar entre sí,
mientras vagan en soledad y, despertadas por una cojuda cavidad craneal, encuentran entre los rebotes de las paredes de la oscura y fría madriguera una gruta de salida por la que fluye de tonalidad expresada cual desacertadas palabras a través de una desmesurada boca de complejo candar.
Por su peso caen al suelo, de donde jamás las deberías alzar.

Soledad sanadora

En mis horas de ciclismo sumido en mis pensamientos de gestión del dolor emocional y de la decepción, conseguí divisar un lugar en el Pirineo, donde los «humanos» tienen bastante dificultad para llegar y me planteé que quizá sea ahí.

Ahí puede que sea donde pueda fabricarme una casa de árbol.

La corriente del firmamento

Al soplar las velas tus pulmones carecen de fortaleza,
porque su ausencia mermó tu soñar.
Un vacío cruel que pesa,
pero que no deseas soltar.
Son sus recuerdos grata sorpresa,
que te empujan a avanzar.

Coges de nuevo el aire que espesa,
para tu corazón encarcelar.
Sueltas con fuerza viento que apresa,
y entre lágrimas sientes volviste a fracasar.

Pero de pronto, un suave soplido tu mejilla siente rozar,
y empuja a tu viento exhalado por ayudar a llegar.
Se extingue la llama mientras los ves celebrar,
tu presencia para ellos es regalo un año más.

Entre los besos y abrazos,
buscas la fuente de aquel soplar,
atrás de ti ventana abierta,
por donde el viento quiso ayudar.

Viento que, desde las estrellas,
ya no quería verte llorar,
porque tu sonrisa quiere sea eterna,
sopló con fuerza por verte amar.

Deseo pecar

Necesito que tus besos
desdibujen el contorno de mis labios,
que en el erizar de mi piel
levite el sudor de mi cuerpo excitado.

La confusión se adueñe
de mi prudencia o tacto
y, sin llegar al desmayo,
convulsione mi corazón,
como si amarte fuese
sumo pecado.

Lo que dejo

El día que mi latir enmudezca,
no volveréis a escuchar que os amo,
pero sentiréis en vuestro pecho
que fueron sinceros mis cálidos abrazos.

La leña y nosotros

Cuelga el cuadro de mi rostro, frente al fuego que nuestras siluetas desnudas alumbra, por si llega mañana y abrazarte no puedo.

Y si me voy, el calendario será artífice del olvido, no mires con pena y alimenta el hogar con el marco, aviva la llama con mi retrato.

El fluir de las lágrimas llegará a su fin como sequía que lastima a los ríos. Tierra agrietada, cual árido lecho que de sangre el estiaje de un amar desatendido, riega en vano.

El malestar querrá presencia en un volumen alto de saetazos que se irá desvaneciendo conforme pase el tiempo y se precipite sin retroceso a su fecha de caducidad.

La vida reescribirá sobre mi historia, una y un billón de veces con las proezas de bastardos y de crecidos laureados.

Detrás de mí tendrán la fortuna al igual que yo, de haber brotado por abrazar la luz de la química de un sol desolado, de haber registrado existencia por besar el daño de primera mano, de robar un beso de gélidos labios.

Deja que pierdan las plumas, las alas que en mi espalda crecían alimentándose del dolor y la desazón que, despistado, mece la falsedad del miedo y mima las caricias de las noches en las que ansío perecer en tu retablo.

Sueña con el compás de las saetas que marcan tu descuento y mi ausencia, mientras murmuras risueña, —Se fue brindando y su copa llena vertió en la alfombra de mi entrepierna—.

Fuego alumbra, fuego mata, marca y libera, el pecado mudo de nuestra cama.

Os riego en secreto

Hay lágrimas que hacen florecer
el semblante de los desecados pétalos
y sonrisas que resucitan
a las extintas semillas de la maldad desterrada.

Para vosotros, lloro y no sonrío.

Ansiar para perder

Heredó lo único que podía obtener de los ecos de un latido que, con tanta fuerza sentía, con tal intensidad amaba y vivía, que nunca supo cómo tocar un corazón para quedarse.

Desvestida su sonrisa, solamente se mostraban las curvas de su amargura.

Pintaba en la fachada escaparates con falsos ojos brillantes, mientras en la trastienda de su realidad, la tenebrosa oquedad era el espejo de su doloroso respirar, su repudiado existir.

El agotamiento se reflejaba en la carga que lastraban sus húmedos párpados, la falta de brillo en sus ojos se entreveía en las penas de la brisa que desprendía a su paso.

Se enojaban sus latidos en contienda con su entrecortado respirar, pugna perdida para el corazón, por muy fuerte que se expandiera su pecho, no cabía ameno sentimiento.

De rogar por un beso se secaron sus labios y en la aridez de sus manos se veían dibujados lagos de pena, craqueada su piel tras el extinto llanto.

Como espejismos emergían los abrazos, por mucho que corría hacia ellos, solamente encontraba un escalofrío que sacudía por avivar sus miedos, gélidos aparecían los momentos, en un desierto abrasador de desencuentros.

Incinerados sus sueños por el frío de un sentir que vacío enmudeció, la armonía del tacto de las caricias, la dulzura del canto de una mirada lejos de estar perdida, el erotismo de unos labios chorreantes por haber perdidamente consumado.

Fallecían en vida su libido, su deseo, su lascivia y su amor ingenuo.

Cual sombra diluida por la tristeza, bajo las lacerantes luces de farolas, paseaban sus afligidas ganas mientras arrastraba sus doloridos descalzos pies hacia la nada.

Quiso amar con fuego, con alba y el deseo de querer, abrió su tumba, cavó una zanja, en lápida color a hiel, labró su nombre y el de su alma.

Caen las hojas secas

Humillaba a quienes no brillaban como ella lucir se sentía, lágrimas de dolor despertaba tras sus palabras de arpía.

Regar con tormento con soberbia era hábito, una manía, en sus noches se soñaba eterna y la diva de veredas por las que se contoneaba de día.

Se consumieron las lunas, los soles devoraron los días, aparecieron arrugas, debilitada energía.

Angustia por lo perdido, no recolectó apreciar lo que realmente servía.

No era el carmín, ni las telas que vestía, no eran las joyas, ni provocar el deseo en desmedida.

Todas las hojas mudan al color del final de los días, hayan lucido primoroso verdor o, por gusanos mordidas, hayan crecido heridas.

Todas las hojas se apagarán algún día, sin posibilidad divina.

Las diez torres

Son diez, las torres de apnea que
atragantan tu esperanza y estrangulan tu entereza,
a ser escombros se resisten, las ventiscas de la hiel
que desprenden las viperinas palabras,
su estructura se alimenta de tu forajida tristeza,
mansa paciencia la tuya, si por bondad enfermas.

Destronado de un altar en el que nadie te puso,
de merecido respeto carecen tus consumidos segundos,
tus manos, sin pretender aferrarse a ningún predicador,
son alzadas a lo alto en señal de compasión.

Las estrellas admiten mudas la impotencia de crear
polvo con el que poder curar tanta amargura,
la lepra que devora los valores,
la sarna que invade la sensatez.
Asesinan con abrazos de lobreguez.

Las sombras de las diez torres se entrecruzan sobre ti,
como si diez soles fuesen sus guardaespaldas;
el cielo se cubre de gris oscuridad y, de dolor,
estremece cual se retuerce por el cólico de un desamor.

Tiembla la tierra bajo tus pies,
vibran las sombras al son de aquellas que las proyectan sin tez,
polvoriento preludio de un sonido poco deseado,
hace niebla que envuelve como si devorase dentro de un saco.

Vistes el traje que el universo te prestó,
pero tu realidad no luce lentejuelas que pretenden atención.
Es pasajera la vestimenta, ropaje sin corchetes
ni cremallera en el que se enjaula
tu verdadera esencia.

En el centro de tan grisácea escena,
cae al suelo como trapo desechable, dermis efímera,
la que te sirvió para mostrar tu existencia a los ojos
de los que, al igual que tú, se visten prestados.

Vagabundos del tiempo, en lo físico con puñales se abrazan mientras
desaprenden sobre su verdad, esos que dicen vivir,
mientras perdiendo consciencia de estar muriendo,
avanzan contaminados de venenos heredados
de aquellos que vistieron las primeras telas del ego,
de la avaricia, la crueldad, el engaño, la ira, la intolerancia, la falsedad
y la mentira que infundan miedo, estuprada soberanía.

Tu aura, aleación de un pasado y un presente,
se hace invisible para quienes solamente
se aferraron a tener.

Estrategas de torpes artes,
malabaristas por no perecer,
siendo que hubieran podido acariciar la eternidad.

Las torres siguen en pie,
custodiadas por sus soles, buscan sus sombras
la razón de tu desvanecer;
entretanto, finan los palpitares
de quienes tumbados lucen el traje
de lo que pudo haber sido.

Tras tu partida

Voy descumpliendo,
ya son menos ocho.
Se consumió un lustro y
en avance pasa el segundo.

Sí, menos ocho años han pasado ya del día
en el que se inició el Armagedón emocional
que habita en mí.

En tu marcha, algo de mi ser se fue amarrado a ti;
en tu partida, se paró y volvió a reiniciar mi vida,
vivificó mi alma, aunque mi mente sigue perdida.

Deseados besos

Existen sensaciones que son prácticamente inalcanzables para la mayoría de los mortales y pienso que las que provocan tus besos son de esas.
Pobre ignorante quien dé la espalda a tus labios deseosos de besar los suyos.

Sucesión

La vida es una cadena que se compone de muchos eslabones llamados momentos.

Acopia muchos eslabones y tu cadena será increíblemente bella, larga y digna de haberse construido.

Celos de tu cama

El despertar de tus sábanas es privilegio que muchos mortales ansían.

Tu piel, el primer experimentar tras toda una noche sintiendo tu calor, tus caricias, el deleite que provoca tentar la combustión de tu amansado descansar.

Percibir terciopelo al abrazar tu cuerpo despojado de las prendas que velan tu verdad, que custodian lo prodigioso con que la naturaleza vistió el alma de un ángel que esconde unos besos que envenenan con deseo aun sin ser diablesa y que, por ellos, muero.

Sean de seda, sean franela o de un velo su tela, cubren belleza, se nutren de fuego mis noches enteras, la temática de mis sueños, «el anhelar lo que jamás probé, el arder de tus húmedos besos», confundidos entre sus tejidos enmarañadas, buscan desorientados reencontrarse con tu cuerpo.

Qué fortuna la de las sábanas, poder acariciar tu piel sin hacerte sentir acosada, poder arder junto a ti, cuando tu cuerpo abrasa y las fantasías la dejan mojada, abrazarte tras tocar el fin y hacerte sentir arropada.

Envidio a las telas que cubren tu cama.

Anhelo

—¿Cómo se puede añorar aquello que no has sentido, aquello que no has probado, aquello que no has vivido? —me preguntó confundida.

—Una noche tras otra soñé que por tus labios era besado.

Respeto y sentir

Puse oídos a mi corazón cuando mis ojos aprendieron a ver mientras permanecían cerrados y mi boca, a callar las historias de quien con amor prende mi mano.

Mi musa

El fuego se alimenta de la leña,
como mis versos de tu belleza.

El granjero y el deslustrado

Cuentan la historia de un gallo que, sin lustre en la cresta y de plumaje lamido, culpaba al infortunio de sus fracasos.

Un día un granjero decidió cerrar y abandonar el gallinero porque su único gallo no cantaba al amanecer por pensar que el sol era un tirano que lo vigilaba y lo odiaba, que la lluvia era ácido que pretendía desteñir con su plumaje, que el viento era el exhalar de un gigante que se alimentaba de animales de pico y que la luna era una bruja con la que, al creer lo observaba, no conseguía dormir.

Los pollitos corrían por el corral de un lado a otro intentando crecer sin que nadie les enseñara cómo tenían que piar, de qué manera comer y cuál era su lugar donde dormir, para hacerse así unos gallos fuertes y canto digno.

Las gallinas arrastraban sus cloacas por el fimo pisoteado y picoteado, huyendo hacia lugares donde empalarse en soledad y armonía, desde donde buscar gallos con entereza y no polluelos crecidos «en yerbas».

Convencido de que la vida deseaba poner zorros en su corral, cepos en sus nidos y pienso con veneno en sus comederos.

Vivía cual mártir cuando en realidad, los zorros entraban por los agujeros que él, desubicado, había escarbado intentando esconderse de los miedos por él mismo construidos.

Los cepos eran para cuidar el corral de los zorros y él no era cuidadoso en que nadie los pisara.

El veneno era para las ratas, pero no sabía distinguir entre el comedero o sacar la cabeza para picotear por un agujero.

Había crecido desmontado por aquellos que le pidieron ser lo que nunca ellos habían logrado. Frustrados, solo consiguieron dar sabor y temple a algunos estómagos por medio de algún caliente y agradable caldo, en tardes invernales.

96

Nunca reconoció sus faltas y ponía a los pollitos como barrera para defenderse de lo que desacertadamente pensaba eran ataques. Por cobardía no se enfrentaba a sus temores y utilizaba a los pollitos.

Desmañado formador de futuros gallos, por falta de reconocimiento, para mejorar sus propios fallos.

Es normal que, en un corral, todos los pollos que ya salieron del cascarón quieran ser gallos, es parte de la vida en cualquier corral.

El problema no está en los polluelos, sino en que, cuando el único gallo que hay en ese corral todavía es una cría que, sin madurar, no por su culpa sino por la de quienes solamente lograron ser ingrediente de consomé, se esconde en la cáscara de la que él mismo salió o de las que otros rompieron, abandonaron para crecer y reírse mientras lo veían taparse con ellas, pensándose este mientras tanto, meritorio de lucir cresta.

No pudo enseñar a utilizar los nidos que el granjero les preparó, porque solamente sabía ponerse sobre el palo para intentar pavonear sus deslucidas plumas, su caída y lánguida cresta y no pudo porque jamás había aprendido a disfrutar del suyo propio, aquel que con cariño le había fabricado el granjero en lo más alto del granero.

Se mostraba cual víctima de lo que en el corral ocurría, en lugar de poner orden y lucir el color rojo de su cresta con integridad, humildad y delicadeza.

Ahí es cuando el granjero vio que ni tenía corral, ni tenía gallo y nunca conseguiría que, por mérito de este, se pusieran huevos.

«Confundir o engañar a los pollitos antes de su puericia es ciertamente sencillo, lo complicado es ser lo suficientemente maduro como para no enredarlos y que no piensen con la toxicidad de un adulto.

Si vas a dejar herencias, que sean valores y no veneno y si te vas a medir con otros, que sea con gallos y no con pollos».

97

Sin ti, no

No sé qué dirán tus sueños,
pero los míos susurran que ansían tus besos
y cuando sienten tu aliento gritan al cielo:
«Sin esos labios, yo muero».

Tú, mi droga

Toxicómano de tu mirada lasciva,
más dopamina deseo,
drogadicto de las curvas de tu cuerpo,
que prenden fuego,
es tu boca la farlopa
que hizo sumiso a mi cuerpo,
son tus labios papelina
que me convirtió en tu siervo.

Soy adicto a los susurros
que esnifa mi ansioso cerebro,
los canutos me relajan
cuando me fumo tus dedos,
se ralentiza mi tiempo
por el olor a cogollo de tu cabello,
saboreo en tu edén
el aroma de un costo bueno.

Éxtasis corre en mis venas,
como galopa un camello,
cometí el gran error de lamer tu piel
y pensar que la muerdo.
Se extravió mi talento, e
n las «pirulas» que guardan tus pechos,
en el cielo de tus caderas,
bebo alcohol hasta que, por ebrio, duermo.

El paraíso de tu entrepierna,
LSD con el que vuelo,
tripi que me brinda alucinar,
como si me fundiera entero.
Heroína en papel de plata,
si culminar en tu cama puedo,
deseo ser traficante,
del despertar de tus húmedos sueños.

Tu ausencia me crea ansiedad,
temblores, sudor y miedo,
la metadona se convierte en agua,
frente a un creer que no puedo,
efectos de la abstinencia,
si te alejas por un momento,
provocados en mi frágil mente,
con tus adictivos besos.

Me fumo tus dedos,
esnifo mis sueños,
drogadicto de tus besos,
«farlopero» de tu cuerpo,
necesitadas mis venas de tus deseos,
tus antojos «criptonita» por la que muero,
me emborracho de ti,
si tras hacer el amor escucho, «te quiero».

Susurro y salvación

La magia de tus palabras
estimula los gritos
de mi agónico palpitar
y se encuentra allá
donde los impulsos de tu corazón
murmuran frenesí.

Tus latidos

Ojalá que la verdad de tus latidos no cambie,
ya no se suelen escuchar armoniosas melodías
como las que suenan en tu pecho

Liberación

Tu parpadear es
el efecto mariposa que crea olas que, en mi corazón,
rompen los muros de hielo
que levantó el desamor.

Búsqueda

Caminamos en modo correr,
las prisas hermanadas con el estrés.

Normalizada filosofía en esta vida de loca esclavitud moderna
en la que inmersos divagamos.

Solo hago que buscar la forma de desconectar
de este sistema impuesto y terminar mis días
como el haber nacido se merece.

Cuentacuentos

Los narradores de historias no suelen ser los que las crearon, los que las vivieron o las sufrieron en sus propias carnes.

Suelen ser aquellos que entretienen contando las hazañas ajenas o las utilizan como herramienta de convencimiento en beneficio de sus egoístas o interesados objetivos.

Con desmedida

Házmelo, sí.

Pero que sea sin tabúes.
Sin miedo.
Sin cordura.

Canje

¿Cuánto cuesta uno de tus cálidos abrazos?
La única moneda de cambio es
el de uno de tus más sinceros besos.

Instantes

Un café con empatía aun sin azúcar,
sabe más dulce.

Labora tus días

Para morir es imprescindible haber nacido,
que no haber vivido.

La pasión con la que sientes puede ser
la razón de latir o la de finar.

Solamente tú y tus lágrimas
sois capaces de mimar su intensidad y
asegurar así haber vivido.

Perdurable

La inmortalidad no es vivir eternamente,
sino hacer latir por toda la eternidad.

Uvas, cava y recuerdos

Una será por ellos.

De añoranza henchirá su cáliz y sin duda rebosará su boca con sus recuerdos.

La otra será por los que siguen.

Los que sin posibilidad de leer el jeroglífico que soy, sin ser más ni menos cuerdos, no cesan de amarme en su empeño.

De burbujas y deseo resuena rasgando el lamento, el sonido vibratorio que enmascara el sufrimiento, con las sonrisas que se embriagan de los abrazos, de quienes hacen palpitar mi pecho.

Serpentinas y sombreros son vestimenta de un juego, las uvas saben a nuevo, si regadas con un cava emocionan el caluroso encuentro.

Los cánticos son gesta de quienes no perdieron todo lo bueno, de lágrimas se llenan los ojos por quienes echamos de menos.

Abrazos que funden, veracidad por su recuerdo.

Amarrando con dulzura tallo y base de ambas, elevaré con el alma quebrada y mis lágrimas rotas, esta noche dos hermosas llenas copas.

Tú, ¿alimentas al mal?

La maldad es un viajero sin rumbo que, aunque por naturaleza es inerte e inmóvil, siempre ha existido.

Solamente necesita de un medio de transporte para poder realizar sus desplazamientos y ese único medio es el de nuestros corazones.

Según el nivel de podredumbre de cada uno de nosotros, la maldad podrá viajar a más o menos destinos, a mayor o menor distancia.

Así que, no la culpemos a ella, sino a los pilotos que conducimos por carreteras sombrías y tenebrosas.

Esos que, en áridas desabrigadas cunetas que presumen de ecpatía, detenemos un momento nuestro avanzar, para tener así copiloto por nuestro justificado actuar en un deseo de errado decidir, durante un viaje pleno de niebla, donde inhibido y desterrado yace el sol, mientras a escasos centímetros de nuestra piel, se siente frío, mucho frío.

La maldad sin chofer, solamente sería un impaciente y abandonado espectro que, con el brazo extendido, el puño apretado y el pulgar alzado, fantasearía con ser trasladado, mientras inerte e inmóvil permanecería desapegado, taciturno y mustio, cual matojo que, por falta de cuidado, la ha cascado.

Deseada condena

Huelen sus dedos a lumbre que,
promiscua combustiona en el averno de entre sus piernas,
su abismo luce humedad que,
esperanzada entre bruma,
fluye desde lo profundo de sus ojos negros.

Vendió sus besos por no pasar celos,
a un corazón mudo y ciego,
que abrasado por lascivo yace ahora muerto.

Tendió su cuerpo desnudo de miedos,
a merced de cualquier carroñero,
sin recato, ni acicalado con cuentos.

Prestó su piel a las caricias,
de espectros con gélido aliento y
las manos sin huellas gemían lamento.

Las sombras calientan,
por incendiar sus adentros,
se convirtió la sangre en gula,
devoradora de cuerpos.

Su piel erizada entre susurros,
sin pasión en un soez juego,
sin temor al descenso,
donde habita un diablo de fuego,
donde el pecado se paga
con agónicos gritos desalmados,
por la lascivia perpetua,
de un fornicar enfermo.

Al fin goza feliz,
de su castigo eterno.

Intento fallido, pero siguen mis latidos

Llego acariciando las cortinas que ocultan mi lamentar, llego aferrado a la mano de quien me arrancó de la garganta del mar, llego soltando el aliento que entre lágrimas me despellejará.

Llego corriendo entre el fuego que derramamos de amar, llego portando mi cuerpo entre tus sábanas de ahorcar, llego más vivo que muerto disecado por pecar.

Llego al museo de cera por desearte abrazar, llego sediento de pena si la luna ya no está, llego perdido en tu cesta como harapo que lustra la barra de un bar.

Llego despacio con prisa para verte despertar, llego tarde sin camisa, pero tus ganas se van, llego y me quedo sintiendo, que estoy loco de atar.

Llego vacío de bolsillos y lleno de bondad, llego pintando los pasillos con ganas de enamorar, llego me paro y te miro, como estás gimiendo sin más.

Llego con los sueños confundido sin poderme despertar, llego cansado del camino que me aleja tu besar, llego nadando en el lago, de tu árido lagrimal.

Llego paseando mis deseos por los campos de acertar, llego escuchando los pasos de un lóbrego despertar, llego me escondo y me quedo tras los celos de un trigal.

Llego de ceño fruncido entre la selva de la imposibilidad, llego cual madrugador matutino, vespertino comencé transitar, llego y encuentro en tu sitio un vaso de vino con un poso recental.

Llego meloso bruñido portando cohibido un flamante desear, llego enredando los versos de un comedido por presumir tu anidar, llego oculto bajo las ramas de lo consentido y me chirría la soledad.

Llego con un quejido de un palpitar de quebrantado delirio, llego a escuchar auge al gozar de un gemido.

Llego perdido, entre tu indiferencia moro escondido por un anhelar confundido.

Llego escuchando chasquidos, suena a cristal destruido, llego y entiendo se ha roto mi vidrio por un palpitar quebrantado sin ruido.

Llego y olvido, como un susurro se inicia mi retroceder, sin más doy las gracias por seguir vivo.

Abejas, pétalos y miel

El vibrar de sus alas entre las flores,
es alertar de un peligro,
zumbido de un despertar,
de quien creían dormido,
melodía esperanzadora,
de las que simbolizan vida por latido.

Entre la calidez del sol
florecen los falsos
por las praderas del entusiasmo.
Llegamos todos como aves de paso,
amantes son del ajeno fracaso.
Caduca maldad de palpitar grisáceo.

Sus colores
son la lengua con la que los bardos
regalaron poesía.
El sabor de una cuchara
que, de madera tallada,
transporta a tu boca un mundo.

Respeto,
sin frialdad ni malicia,
la envidia y rencor,
son el peor pesticida,
el que tu lengua esparce,
que de su verborrea expira.

Acariciamos la aspereza,
de que se predispone a ser mimada.
Desalmados yacen secos.
Necrosis germina en los pétalos,
en las hojas mecido descansa,
el corazón depravado.

Su tallo
caerá cual alimento de la carcoma del karma no errado.
Ignoren su existencia si no saben apreciar.
No me las regalen por complacer a un vivo,
no me las traigan a la cama donde expiro.

Guarden las flores para las abejas,
para teñir así con su belleza,
los ojos de los paseantes,
que del respeto renacen,
de color libertad alegría,
de dulzura y olor, de energía.

Infiltrado entre zafios

Entre risas de burlas disfrazaba los actos para, sin ser depredador, evitar huir cual presa de sonreír moribundo.

Ni cazador ni cazado, superviviente desde la segunda fila frente al escenario, espectador del teatro de la vida.

Las risas lacerantes de cavidades craneales deshabitadas, lóbregas cuevas huérfanas de intelecto, con su insoportable eco, se hacían visibles aun con falta de intelecto.

Apagados los morales que yacían en llanto seco, la tierra cavada con un sentimiento huero, otean con cierto celo.

Empatizan con un lecho con apariencia de nicho, por si no resisten a los escarnios de los blasfemos, quienes esconden su autenticidad tras el desmán de los miedos.

Sí, me tocó salir a contonearme con las más feas, el vals de los hipócritas, el de los ingratos, aquellos que vagan putrefactos entre sus funestos sueños, lúgubre suena su vacua y extraviada carcajada, insípidas sus bullas.

Pero ahora, ahora por el alma de una diosa soy mimado.

Bendito pecar

Rozaron sus labios y en un instante,
despertaron para abrazarse a través
de sus húmedos y ardientes besos,
los demonios que en espera de provocación
hibernaban en el pecho de ambos.

Sendos infiernos regaron la leña con fuego
prendieron el negro carbón de las fraguas,
donde se forjan los más lascivos deseos,
los mazos danzaban portados en mangos de lujuria,
estruendos avisaban de un clímax aparecido.

El cielo con desvergüenza observador cual testigo,
sin celo ni miramiento, aplaudía lo acontecido,
arrancaron sus vestiduras y sus coronas de espino,
los danzares melodía, provocadora de un erotismo,
vitoreaban las caricias y hasta el pecado divino.

Los ángeles inspiran tras las rocas de lava el olor a deseo,
los demonios por el Olimpo regocijados de placer divino,
intercambian escenario como los besos promiscuos,
que sustituyeron vergüenza por pasión y deseo con mimo.
En ese su primer beso, descubrieron un abismo.

No encontraré más miedos,
el gozar es objetivo.
No cambiaré los besos,
por arrepentimiento divino.
No pediré receso,
ni perdón por lo vivido.
No lanzaré plegarias,
si no es por pecar contigo.

Si me amas, sufrirás mi dolor

—¿Qué haces ahí sentado, pensativo, serio y desconectado? —le preguntó su esposa con preocupación y un sentir apenado.

—Combinando los recuerdos de los errores del pasado, esos que han construido por el momento, un presente acertado —contestó con un tono calmado.

—¿A qué te refieres cuando dices «por el momento», si ya estás en ese presente? —le dijo ella mientras acariciaba su hombro.

—Porque ahora así lo parece, pero quizá mañana sea otro error más del que volvamos a aprender en pro de la búsqueda de un nuevo presente presuntamente idílico, aunque no falto de volver a ser error.

Cerró los ojos e inspiró profundamente para, seguidamente, volver a entrar en ese sueño vivo desconectado que él utilizaba como análisis, para así continuar caminando en la senda de lo que pensaba más correcto, para todos.

Mientras, una lágrima de pena por un dolor ajeno pero hecho suyo, deslizaba por la mejilla de la vigía de su bienestar.

Debilidad perniciosa

Desvelado, aunque agotado, se escuchaban por el altavoz de su teléfono las abatidas palabras de un sentirse vencido, pero no finado.

—Estamos igual, amiga mía, y suena la misma melodía con diferentes músicos —le dijo apesadumbrado un padre desbordado por la impotencia a su confesora de vida, de dolor y que vivía en una pesadilla de réplica exacta a la de este.

—Un niño por naturaleza siempre se acerca más al padre permisivo y complaciente, al más débil en realidad o al que le resulta más fácil contentar que formar. Y se acercan más a ellos porque ven que los manejan, que los utilizan cual escudo protector de su interés y lo hacen con tres, dieciséis o treinta años.

Ella contestó: —Tienes razón, pero, aunque nos aparquen en la zona de los «por si te preciso», nos necesitarán más temprano que tarde.

Apesadumbrado insistió en compartir su malestar: —Nos tachan de forma temporal e interesada, esconden la verdad u omiten contar, afilan sus uñas protectoras y muestran los colmillos si pretendes forjar valores en sus cachorros a base de persistencia, de constancia, disciplina y con amor, una tras otra vez y tantas como, pequeños, en puericia o definitivamente madurados en la inmoralidad, pretenden hacer.

Asintió y, en apoyo a su anterior reflexión, dijo: —En sus mentes y en la inquietud de sus corazones que laten como agraviados sin ser pretensión del formador, sino por haber sido barrera o cercado difícil de franquear, evitándoles caminar hacia la dirección de lo que es errar, nos pintan como aquel que dice «que viene el ogro» y se muestran temerosos tras el forjado por ellos mismos y su autocentrismo, escudo de energía hiriente, mientras con la espada del conflicto alzada en defensa de una verdad autosugestionada, se piensan en razón, aunque sea equivocada —suspiró para finalizar con lo que se intuía ser un último comentario de equivocada autoayuda—. Los dejaremos de avisar de la existencia de esa piedra en la que van a tropezar, dejaremos de quitarla para que no caigan y así aprendan con la consecuencia que tienen los actos, las decisiones y no, dejándonos pintar nuestra aura como ogros. Para ellos será más duro aprender, para nosotros también que aprendan, porque el mismo amor con que pretendíamos ayudar es el que hará brotar lágrimas de dolor al ver sus heridas, se apretará con angustia nuestro corazón al ver sus caídas, aun siendo camino de propia elección sentiremos ápices de crueldad en nuestro hacer, condición humana de albo deseo. Como espectadores con los ojos enrasados observaremos, mientras tras ese rostro de ogros reprimidos y falsamente domados, la esperanza de recibir petición de consejo incandescente se mantendrá para alimentar nuestro latir ilusionado.

Tras sostener con gran esfuerzo un intento de brote de una cascada de lágrimas, concluyó: —Lo peor de todo, cuando más sonríen es cuando más ausentes estamos, cuanta más distancia ponemos y eso sí que duele y destruye, ser conocedor de que mermas su felicidad, duele, aunque nos alimentemos de fugaces destellos de energía que ansiamos abrazar.

—Seamos fuertes, amigo, nuestros latidos suenan diferente, pero no dejan de ser armonía esperanzadora —concluyó ella justo antes de colgar el teléfono.

Mi ordenado caos

Me perdí y deambulando.
De vez en cuando,
me voy encontrando.

Omul indestructibil (El hombre indestructible)

En ocasiones y por imposición, debemos transitar por el camino más complejo para poder así trasegar el mal que se mudó a nuestro interior y hacerlo en las vasijas de la esperanza mediante el valor, la entereza y la fe en nosotros mismos, en las ganas de seguir.

De otra forma y por otro sendero, no podríamos desprendernos de las penurias que la vida nos va imponiendo, porque probablemente al final del mismo solamente encontraríamos un vacío insípido del apesadumbrado y dilapidado tesoro que es existir.

Jactancia e ingratitud

Los desagradecidos muerden la mano de quienes les ofrecen de comer.

Los necios repudian a quienes les tienden la mano intentando ayudarles.

Los ineptos arrogantes intentan dar la vuelta a quienes de buen corazón se les acercan brindando un abrazo.

Los autoproclamados superhombres, luciréis en el firmamento como únicos seres excepcionales, jajaja, jaja, ja.

Que no, el universo está lleno de meteoritos provenientes de lo repudiado, desechos con aires equívocos heredados, los llamados basura espacial, homólogos de lo que portáis y proyectáis.

Trozos inertes que vagan eternamente y que os guardan un asiento a su lado.

Inoculación errada

Fueron tantos los escritos que dediqué a la peste de su latir condenado, que por un tiempo llegué a creer que de su enferma necedad me había contagiado.

Pensamientos negativos con un soñar de reflujo amargo, en el que se llenaba de ratas el corral, donde vestían con pieles de conejo de falto tacto a las comadrejas.

Qué necedad la mía, sacudir con fuerza y lanzar los dados, en el juego que la vida puso en mi mesa de favor flaco y no dejar el tapete de mi lugar, huérfano.

Vetusto arte de guerra, donde la parte más honesta al entrar al juego pierde casillas, peones y entereza. Expone su sangre al veneno de las cloacas, al hedor que desprenden los inmorales de sonrisa flaca.

Deja las cartas en la mesa y marcha, ganas la partida de tu calma. Mira las fichas y sin aprecio vacía tu plaza, pierden los inmorales si se los come la rabia.

Deja la carta sobre la mesa de espaldas, sin aprecio te levantas y les muestras la tuya, mientras en dirección contraria avanzas.

La guerra ganada, limpio tu ser de la ponzoña de sus entrañas y el corral lleno de alimañas desconcertadas.

El silencio de la humildad fue roto

—Lo que para ti son los mayores logros de tu vida, para mí son pequeños pasatiempos que me distraen y entretienen de los mayores logros de mi vida.

Hizo una pausa.

—Sigue comparándote —le dijo con delicadeza alejándose de su vera.

Vanos sermones, si no hay ejemplo

Como tantos, primero vio la luz, impactante quizá. Complicado de asimilar lo que dicen ser un cambio que de adultos no soportaríamos, que pereceríamos en el instante en el que se sucede.

Al poco tiempo llegó la experiencia más desconcertante, asumible y de mínimo impacto en el momento del hecho que no a largo plazo, en su cabeza el frío de un agua que no representaba para nada el calor de la intención con la que allí se le expuso; en cambio sí, los confusos entre gélidos y adorados, turbios, difusos o iluminados caminos de lo que celebran como lavado del alma. Sujeto por manos amorosas y reposando en los brazos de quienes de corazón sentían, volcó sobre su cabeza un hombre de dudosa creencia por eliminar el pecado de una reciente vida sin posibilidad de haber errado en plena de inocencia, su líquido bendito. Pedir perdón por nacer, ¿qué mal había cometido aquel ser? Le despojaron de sus faltas no cometidas, en un primer purificado de lo que se pretendería en los venideros años cual adoctrinado. ¿Qué tiempo había tenido de su alma manchar, si no distinguía entre miccionar o defecar?

De la pila del bautismo al banco del sectarismo, subió al estrado cual ayudante amansado monaguillo de sentir. Seguían lavando su decidir sin agua milagrosa y con palabrería embaucadora aquellos que, sin obrar de ejemplo, sostenían argumentos sobre farándula intencionada; bebía de la copa milagrosa donde no dejaban degustar a quienes no merecían la salvación. ¿Jueces o verdugos?, él veía que aquellos medio misántropos medio fariseos, repartían el cuerpo a quienes claudicaban a sus deseos.

Cáliz de la esperanza, empoderado advertir afianzado en el posible ocultismo de una aparente cruel realidad, confesiones de pecados que con monedas y rezos quedaban expirados, trueque de perdón por incremento de poder, recolecta de monedas regada con el arte de la venta de un soñar a aquellos que por falta de sapiencia abrazaban la fe.

Por fin monaguillo persuadido, pero con dudas irresolubles, había llegado el día, podría beber la sangre permutada en cosecha que no cualquiera merecía paladear y accedía a masticar el cuerpo amasado por haber sido sumiso a lo dictado. Suena a canibalismo, pero no se asusten por un trago de vino y un trozo de un pan ácimo, sin levadura.

Ya era meritorio por claudicar, por sumisión y cesión del moldeo de su capacidad de decidir como si, de arcilla antes de entrar al horno se tratase. Beneplácito otorgado por aquellos que piden hincar rodilla para suplicar panes y salvación, hegemonía que tiene como herramienta verbosidad desde la pila del fregadero de almas.

Pero sus rodillas comenzaban a sentir incomodidad en aquella posición que solo abocaba a una versión de esclavitud atávica y llena de mirajes, en una pretendida vida austera, solamente para los devotos y no, para los oradores.

Idílicas de apariencia se muestran las nupcias, si no es por ahí hubiera vuelto a faltar, hubiera abrazado al ángel desterrado. Qué cúmulo de sinsentidos, como es estar libre de falta si previo a ingerir cual carnívoro empoderado has desembolsado, trueque de monedas por indulto si no quieres arder en pecado.

Educado entre ladrillos que impartían creencia, fue guardando en la mochila de lo aprendido las partes que más le hacían crecer, las que le daban valor a su ser. Toda una vida escuchando sermones, atendiendo predicaciones y, de todas ellas, logró filtrar las partes que iluminaban sus latidos y omitió los intencionadamente errados ejemplos.

Acopiar riquezas para combatir con la pobreza, argumento insostenible si, con abrir las puertas de tus murallas, de tus cofres y de tus blindadas reservas, podrías erradicar la hambruna, podrías dejar como herencia la oportunidad del saber, del conocer y del verdadero sentir.

Marginados, apartados, arruinados o extinguidos, quienes con autoría escriben sus conclusiones y con atrevimiento las comparten. A no ser que fluyan las aguas en favor de lo que predican los que, raramente ejecutan sus palabras.

Pierden sociedades completas conforme estas adquieren cultura y conocimiento, conforme la dependencia logra ser un espejismo que recuerda cómo vivieron sus ancestros. Entonces, llenan sus maletas de sus telas de convencimiento y sus libros de textos que podrían cambiar el dolor ajeno y parten allá donde la limitada capacidad para formarse deja las puertas abiertas hacia la lavandería del pecado, a la alfarería del bendecido ganado.

En proceso de un despertar, advertía que entre su sentir y el predicar un hilo unía lo que quebraba el actuar de los que mentaban por convencimiento. En el plazo de ratificación, la duda no tenía cabida, confirmóse con su verdad compartida, con su autenticidad sin guardarla escondida. Le mostró al predicador que su bondad existía y que, con el ejemplo que no recibió, obraría.

No lo tachen de ateo, tampoco de claudicar a la verborrea de la captación. Descreyente quizá es, aunque más que no creer, lo que le ocurría es que no se había dejado, pero tampoco se había envenenado con lo que la raza predominante había predecido.

Respetando a cada cual, con su dogma, alejóse de la lavandería de almas negras y sentimientos grises, donde piden perdón a gritos mientras maquinan el acuchillado del bienestar de quienes ocupan el banco contiguo por haber mostrado el atrevimiento de la autenticidad defendida, mientras que sin poder ya festejar evento alguno, imaginan el ahorcamiento de herejes señalados por el dedo dictatorial de la oportunidad y el perdón, de cribado interesado.

Apenados por la desaparición del acto de lapidado, murmuran enrabietados exhalando fuego viperino a través de sus gargantas que, gélidas, se comunican por sus arterias con el glaciar que habita muerto en su pecho, nevero que guarda dentro la envidia, el rencor y el desprecio.

Poder, la perdición del ser humano. Perdón, sinónimo de supremacía en descaro. Pastor de un ser infundado, que con perros y sin alforja precisa sumiso al ganado. Mentor, que predica lo bueno y no siempre es ejemplo de lo enseñado.

Tras decenas de años, admiró a aquellos que sin tanto hablar de corazón ayudaron, creyentes de la verdad de amar y del calor que dan los abrazos, de los amigos de la humanidad y de acoger el dolor entre sus brazos.

Ya no se arrodilla en confesionarios, ya no mira al cielo suplicando y si lo hace, es admirando a las estrellas mientras añora, llorando. Más creyente que ninguno, no lo duden, postulado en la existencia de latidos sinceros y deseos albos, se hizo hombre. En sus pesadillas no se halla maldad, en sus sueños la integridad, sus errores sin premeditar, sus pasiones sin falsedad y sus escasos abrazos, llenos de firme verdad.

Creía en lo predicado y en lo aprendido, pero no, en lo mostrado o en los oscuros percibidos latidos.

Como tantos, verá extinguirse la luz, en calma con certeza. No salpiquen sobre él las gotas de agua que de palabrería no lavan, no perfumen con incienso de historias que no avalan lo que él aprendió, aunque no por el ejemplo de predicadores.

Por fin es libre, tras un último suspirar su corazón atravesó los barrotes de la jaula donde intentaron mantenerlo cautivo, donde las migas de pan pretendían ser recompensa de un cantar por el hecho de haber nacido.

Vuestro deseo de hacer, fue con su carácter dirimido.

Carta encontrada clavada en el tronco de un árbol seco que lucha por renacer

¡Qué herencia dejamos a nuestros sucesores!

La filosofía de vida que ha ido creciendo y cogiendo fuerza durante las últimas décadas en la sociedad en general y que en esta última supera lo descarado, alcanza niveles que desesperan.

Eso es lo que les dejamos.

Generalizando, somos el animal más despreciable y desagradecido que ha existido y que se ha conocido en la historia, que ha pisado la tierra.

¡Pero no pasa nada, «¡Gooool!», «¡que vivan los programas de telerrealidad!», «¡mira un influencer, mi dios!» y mucho más.

Nos aplacan la razón y el hambre de inquietud, con cualquier «gominola» que, endulzando un momento, envenena nuestra capacidad de ser autónomos.

Mientras la población y, con perdón, se comporte como corderos con la nueva esclavitud, hasta donde nos permitan llegaremos.

Alguien un día pensó que lastimar a los esclavos y maltratarlos les limitaba el periodo productivo, morían enfermos por las condiciones precarias en las que con crueldad sobrevivían; por tanto, si conseguían que vivan más años, más sanos y más deseosos de tener y consumir, más rentables y productivos les serían. Y a eso yo, es a lo que llamo esclavitud moderna.

Pero erramos y nos vamos contra aquellos que luchan y sufren como nosotros o incluso más, en lugar de plantar cara al verdadero problema. «Divide y vencerás», estrategias de guerra, sencillo de entender, complejo aparenta para las mentes adoctrinadas.

Si la sociedad se revela, *Kháos* organizado, es muy fácil para unos cuantos titiriteros que manejan las cuerdas de las marionetas en que nos han convertido, evitarlo.

El día que pueda, si no os estoy ya mirando desde una estrella apenado por vosotros y feliz por mí, me marcharé a una montaña a finalizar mis días lejos de esta perniciosa forma de subsistir. Y si soy pasto de rapiñadores, al menos que sea de animales salvajes que por instinto buscan alimentarse y no de egoístas de latir gélido y falso e interesado abrazar.

Cuántas veces quise protestar levantando mucho más mi voz, conocedor de que mientras tanto las marionetas con cabeza de cordero se reirían de mi hacer, pero sabía que arruinarán la existencia de los días de los míos. Si fuese solo en mis días no hubiese tenido miedo, pero pagarán aquellos a quien amo por mis actos.

No terminaré con mi latir porque la humanidad haya extraviado los valores correctos.

No tengo fe en nuestra raza manejadora y manejable.

Sí que admiro a quienes, a diario, luchan por el bienestar común y por no perder esa fe que yo ya no retomaré por muchas veces que lo siga intentando, que sigo, a la vez que me apena saber que las sanguijuelas están dejándolos hacer, entre viles risas, mientras los mueven a su antojo en el tablero de ajedrez como peones de su vanidad y perversión.

Como suelo decir, «en fin».

Somos y estamos donde queremos o donde nos dejamos.

Algunos se burlan de cómo consiguieron salir adelante aquellos que nos trajeron hasta donde hoy vivimos. Admiración y respeto, es lo que ellos merecen y lo único que yo a vosotros no os tendré. Aunque no a todos, claro está.

Sin más, me despido de todos, harto y desilusionado, triste por la vida que tenemos sin haber esto, heredado.

Insania cordura

Me provoca hilaridad que hago muda, observar a aquellos que se piensan con certeza conocerme. Deliran con disparatados argumentos, creyéndose acertados.

—Silencio —susurro para mis adentros mientras aprietan las cinchas de mi vestido nuevo.

—Sujétalo, está loco —gritan los que se piensan cuerdos a la par que bailan al compás de los hilos como marionetas cosidas con harapos de antojos, de quienes se autoproclamaron amos de esclavos.

La ignorancia y el atrevimiento son el espejismo, donde un sediento de conocimiento piensa que podrá tomar intelecto y saciará sin mesura su sed, a su antojo, en un desierto donde la arena y el sol, hacen árido al seso.

Duelo me hacen, adorables ilusos. Pero sigo sin pisar mis propias huellas por un camino quimérico que no tiene ni sentido, ni direcciones opuestas.

Ni las mías piso, ni a las ajenas remito.

Construyo laberintos en cada uno de mis pensamientos, les recomiendo que no muestren predisposición a entrar si aprecian su juicio, su calma y su tranquilidad. No hay cruces, ni vuelta atrás, no hay puerta por la que decidieron haberse metido.

En mis páginas no encontrarán ortografía normalizada, sí una lengua ilegible, simbología exótica, singular y extraña. Sin tapas, sin portada, el índice sin tinta heredada distorsiona el orden en el que jamás podrán leer, la historia en palabras.

Que un volcán desde la lejanía con su aparente calmada majestuosidad se muestre sosegado, no quiere decir que en su interior el magma enervado, no sea una bestia que con barrotes de sensatez lo mantenga enjaulado.

Si entras, perecerás abrasado.

Si opinas por lo que desde fuera ves, vivirás errado o quizá lastimado.

Si te acercas, calidez y encanto.

Si te alejas, omite opinar acerca de lo que no te ha mostrado.

Pretender entender lo que no enseña forma, ni describe su estado, no da pie a conocer y sin querer produce daño. No desabrochen la camisa con la que me ataron, con la que me muestro afecto, al rodearme con mis inmovilizados brazos.

No se acerquen a mi precipicio, nunca mostré mi vertiginoso acantilado, el caudal de mis ríos, ni la profundidad de mis lagos. Jamás exhalé los vientos con los que amanso mis tormentas, silencio mis truenos y apago mis rayos.

Entonces, cuando me miren, piensen en la sonrisa que no enseñan mis labios y no abran mi puerta si no pretenden óbito en un lóbrego rincón del desfiladero de un alambicado e inexplicable ser, inquieto con entusiasmo.

¡Ni yo me conozco!, ¿me van a conocer ustedes?

Permítanme que dude, con la certeza de hacerlo.

Y no olviden pasar a por la camisa que se quitaron y me prestaron.

A Mirela (Raluca), Ady e Izan

Ventura

Ni siquiera un millón de palabras podrían describir lo grandioso y enriquecedor que fuiste para nuestra vida, nuestra existencia.

Si dedicáramos todos nuestros días restantes, con todas sus horas, minutos, segundos e instantes a escribir sobre ti, seríamos incapaces de hacer entender al mundo lo necesario que fuiste para todos aquellos que de tu mano pudimos aprender a caminar, que de tus enseñanzas alimentamos nuestros valores, que de tu ejemplo cultivamos nuestras vidas, que con tu apoyo pudimos coger fuerza e impulso para luchar por los sueños, por la familia e interminables ejemplos que a tinta y lágrimas de cariño, podríamos seguir dibujando hoja tras hoja, palabra tras palabra e historia tras verso.

Dejaste tanto en nosotros antes de partir, que en ocasiones parece que no te has ido, parece que cada momento en el que hay duda, sentimos que estás aquí resolviendo con tu consejo y ayuda.

Sí, te marchaste, pero tu alma y parte de ti continúan dejando huellas en la tierra sobre la que caminamos, porque viajas en nosotros, porque si miramos al cielo, podemos sentir que sonriendo te hacemos feliz por vernos con sentimiento de buena ventura.

Tu acertado nombre, Ventura.

Porque seguimos sintiendo que podemos tocarte, que sin estar aquí continúas a nuestra vera. Porque los sueños nos enseñan, que cuidas de nosotros desde tu estrella. Porque la eternidad tuvo fortuna y el cielo luce brillante, por dar cobijo a alguien que fue mucho más que un hombre, para convertirse en una estela inmortal.

Guarda plaza para aquellos que soñamos con ser reflejo de tu grandeza, para aquellos que te hemos amado y te amaremos para la eternidad, porque ansiamos hacerlo lo mejor posible, para poder ganar un sitio a tu lado, hasta el fin de los días.

Te queremos.

En recuerdo de mi padre, Ventura Piedrafita Muñoz
02-08-1949/15-10-2016

Tato por «co»

Me ha brindado la vida
infinidad de tesoros,
la salud y la alegría,
la familia y el decoro,
pero hace cuarenta y cuatro años
que te encontraron mis ojos,
y me regaló el universo,
el más insuperable de todos.

A nuestros padres les debo
nuestras risas, nuestros lloros,
la oportunidad de sentir,
que si estás lo tengo todo,
que, si mi mente perdí,
puedo aferrarme a tu hombro,
que, si me falta de ti,
del existir aparecerá mi éxodo.

Desde el cauce de mis venas
fluye el querer por mis poros,
por aquel pequeño que vino,
para superar juntos cualquier escollo.
Aférrate fuerte al timón,
soy navío que nunca navegó solo,
el capitán nuestro padre
y nuestra madre cuida de todo.

Aunque los mares parecen muchos,
pasa el tiempo más bien pronto,
corre veloz la arena del reloj,
pero deja en mi corazón tallado como en tronco,
grabado a fuego,
con recuerdos imborrables que cuentan de algún modo,
las historias de dos niños y de unos padres,
que lo dieron todo.

A un hermano se le quiere,
pero al motivo de un latir hondo,
se le respeta y se le ama,
por encima de uno mismo,
del infinito y el todo.

De marchar me pido «primer»,
como cuando jugábamos
con el balón o los bolos,
no soportaría ver otro vagón,
arrancar de mi corazón
otro trozo.

En mi piel viajas tatuado,
junto a mamá, papá, mi mujer
y mis pequeños «los hermanos»,
la semilla de la vida nos reunió
y la eternidad
testificará por nosotros.

Por un hermano se mata,
por el mío daría mi vida.

A Jesús Piedrafita, mucho más que mi hermano

Último deseo

El día que yo muera, la mitad de mis cenizas deseo reposen en lo alto de Transfagarasan, subidas por mis hijos ambos juntos en armonía recordando las muchas horas en las que disfrutábamos sobre ruedas y portadas por partes iguales por cada uno de ellos, en un ascenso en bicicleta como alguna vez hicimos juntos en el pasado. Deseo sean vertidas por mi mujer junto a aquella cruz donde dejé la sangre que compartía con mi padre, con mi madre.

La otra mitad, pueden quedarse en Pedrola, en el parque junto al canal donde una fuente y banco recordarán por siempre que ahí fue donde por primera vez me besé con la mujer que más feliz me ha hecho en la vida, la que vino de *Varbilau*, de *Plopeni* y Rumanía.

En el nicho, dejen la urna vacía con el polvo restante que habrá quedado adherido al interior, mi casco de contrarreloj, mis zapatillas de ruta más viejas, un libro de cada una de mis publicaciones, un dibujo de una de las máquinas de mi creación, una de mis tres trenzas de cuando me cortaron la melena, una foto que tengo con mi hermano festejando la boda de una prima y, algunas que serán pocas, copias de fotos de mi vida con los míos, con aquellos de los que en ocasiones escribo, cada uno lleve la suya y la deje dentro, ya saben ellos a quién me refiero y se abstendrán los que de sinceridad no me han querido como soy y como he sido. Ya digo, serán pocas o así lo espero ya que solo deseo sinceridad y no postureo.

Deseo se escriba en mi lápida muchas cosas, algunas serán malas, no os las dejéis, no me importará por dos razones, porque quizá sean verdad y porque ya muerto, ¡qué cojones!, no me ofenderán ya, ni tendré tiempo de corregirme.

Pero eso sí, esta no falte:

«Solamente adoré a un dios, hombre de talante y buen corazón, deidad sentí por él hasta mi muerte, su nombre Ventura, mi padre».

Después de mi incineración y antes de esparcir mis cenizas, no llore nadie de pena por mí, ya no hace falta, ese dolor o afecto se muestra en vida y yo, ya estaré bien sin preocupaciones, totalmente libre tras haber exhalado en la última bocanada de aire, la última pena, la última sonrisa, el último dolor y el último de mis sinceros deseos.

Festejen con alimentos y bebida típica de cada uno de los países que habitaron en mi corazón, el haber podido disfrutar juntos de este regalo que es la vida.

Primero sea en España y después en Rumanía. Vino tinto y cava, deliciosa *Țuică si Palinca*. Tortilla de patata, huevos con migas con, *sarmale si coliva. Papanași* y hogareñas sabrosas torrijas.

Sazonen con el recuerdo y no cuenten solo lo bueno, porque erré y otra cosa que digan, no sería lo cierto ni les haría ningún bien.

Y entre bocados y tragos, entre narraciones y llantos, si sueltan lágrimas que sean con risas de encanto, por la felicidad de recordar que juntos, anduvimos algún día y sintieron sinceras mis palabras, mis abrazos.

Adiós a todos, con alegría me despido por la fortuna que tuve, de haber nacido. Si en mis bolsillos agujereados por haber disfrutado de la vida, queda algo, no pelee nadie por ello, lo material solamente es el puente que conduce a un ser, a ser esclavo. Repártanlo con cariño y el sentimiento de hacerlo con bondad, con respeto y con sentido, esa será la verdadera herencia que de mí habrán obtenido. Ahí podrán entender lo que obraban mis actos, lo que intenté enseñar con mis mejores encantos.

Nos vemos de nuevo, cuando el tiempo apague de sus pechos los latidos. Así que deseo tardar en verlos tanto tiempo como el cariño y respeto que les he tenido.

Gracias por mostrar inquietud acerca de lo que encierran estas páginas, al leer mis creaciones.

G. Piedrafita

Índice